LIBRAIRIE DE " L'HUMANITÉ "

POLITIQUE D'AVENIR

Discours de **JEAN JAURÈS**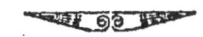

Prononcé le 18 Novembre 1909

à la Chambre des Députés

I0547033

La Paix armée

Les Impôts nouveaux

État et initiative privée

Programme d'Action

Deuxième édition

En Vente :

à la Librairie de " l'Humanité "

16, rue du Croissant

Le cent . . . 4 francs. Franco. 4 fr. 60
Le mille. . . 37 — — 40 francs.

Ouvrages de Jean JAURÈS

Brochures :

Le Parti socialiste et la Crise postale. . . .	» o5,	franco	» 10
Le cent.		—	3 60
Pour la Laïque	» o5,	—	» 10
Le cent.		—	4 60
Les deux méthodes (controverse avec Jules Guesde)	» 10,	—	» 15
Le cent.		—	5 60

Socialisme et Internationalisme.	» 10, franco » 15	
L'Impôt sur le Revenu.	» 10, — » 15	Le cent
L'Action du Parti socialiste . .	» 10, — » 15	7 fr. 60
Politique et Socialisme	» 10, — » 15	franco.
Réplique à Clemenceau	» 10, — » 15	

Idéalisme et Matérialisme dans la conception de l'Histoire (controverse avec Paul Lafargue)	» 20,	franco	» 25
Discours à la Jeunesse.	» 40,	—	» 45

Volumes :

Études socialistes.	3 »,	franco	3 25
Action socialiste.	3 »,	—	3 25
Discours parlementaires (1884-1898) et Plaidoirie (procès du Chambard)	6 75,	—	7 25

De la Collection de l'Histoire Socialiste :

La Constituante.	9 »,	franco	9 60
La Législative.	6 75,	—	7 35
La Convention, Tome I.	9 »,	—	9 60
— II	11 50,	—	12 10
La Guerre Franco-Allemande . . .	6 25,	—	6 75

Épuisés :

Le Travail.
Le Parti Socialiste et la Politique républicaine.
L'Internationale et la Patrie.
Le Parti socialiste et sa Doctrine.

L'ÉMANCIPATRICE, 3, RUE DE PONDICHÉRY, PARIS (XV°) — 8630-4-10.

DISCOURS DU CITOYEN JEAN JAURÈS

SUR LE

Budget présenté par M. Cochery, Ministre des Finances

pour l'Année 1910

————◆————

LE CITOYEN JAURÈS. — Messieurs, nous discutons le dernier budget de cette législature, celui qui servira de point de départ aux travaux de la législature prochaine. Jamais donc l'occasion ne fut plus favorable et le devoir plus impérieux d'examiner le budget non seulement en lui-même, mais dans ses rapports avec l'ensemble de notre situation extérieure et intérieure *Très bien ! Très bien !)*

Nous sommes séparés, M. Jules Roche et moi par toute la distance qui va d'un pôle à l'autre ou, comme le disait récemment un ministre anglais, dans ce langage concret où excellent les anglo-saxons, par toute la distance de Peary à Shackleton *(Sourires)*, mais il est un point sur lequel nous sommes d'accord ; c'est qu'il ne suffit pas d'examiner les budgets dans leur structure propre, dans leurs données immédiates, mais qu'il convient de rechercher les causes profondes et permanentes qui les déterminent et dans quelle direction générale on peut trouver le remède aux abus qui sont signalés, aux maux qui sont dénoncés. *(Très bien ! Très bien !)*

Le poids de la paix armée.

Eh bien, messieurs, il y a un fait qui frappe également tous les yeux, c'est que ce qui domine aujourd'hui les budgets de l'Europe, on peut dire ce qui les accable, c'est le fardeau croissant des dépenses militaires qu'entraîne la paix armée. Je sais bien que les budgets ont à faire face en même temps à un commencement de dépenses sociales, mais il est clair qu'aujourd'hui ce sont surtout les dépenses militaires qui pèsent sur eux.

LE CITOYEN VAILLANT. — C'est très iuste.

JAURÈS. — C'est l'aggravation de ces dépenses qui a pour une large part déterminé le déficit, médiocrement comblé par des mesures récentes, du budget allemand.

Voilà longtemps que l'Allemagne n'a pas voté de grandes lois sociales nouvelles et cependant c'est à un déficit de 500 millions qu'elle avait été récemment conduite par la surenchère européenne des dépenses militaires et des dépenses navales.

L'accroissement de cet ordre de dépenses a été pour beaucoup aussi, — pour plus de la moitié, — dans le déficit de 500 millions du budget anglais, et, aujourd'hui, en ce qui nous concerne, quand M. le ministre des Finances s'applique à justifier, avec la Commission, les 200 millions d'impôts nouveaux qu'il vous propose, il constate qu'ils ont pour objet de faire face à un accroissement de 140 millions, je crois, dans l'ensemble de nos dépenses militaires de l'armée continentale ou de l'armée navale. (*Très bien ! très bien !*)

Messieurs, le premier problème, le problème essentiel qui se pose devant nous, problème européen, mais aussi problème budgétaire, c'est de savoir si nous sommes en face d'une situation définitive et d'un mal irréductible.

L'autre jour, l'honorable M. Théodore Reinach appelait de ses vœux l'heure où une détente européenne permettrait la limitation des armements. Je crois que nous pouvons et que nous devons analyser les causes essentielles du malaise qui perpétue sur l'Europe les difficultés financières avec lesquelles nous nous débattons, et je crois qu'après les avoir précisées, nous pouvons demander à la France pour sa part, dans la mesure de son rôle qui est resté grand, de contribuer à corriger le mal dont nous souffrons nous-mêmes. (*Applaudissements.*)

Allemagne, Angleterre et France.

Quelle est donc la cause la plus directe de cette tension européenne, qui se traduit partout dans tous les budgets, par le déficit, par le malaise, par de croissantes difficultés ? Cette cause directe, c'est, selon moi, et, je le crois, aussi selon vous, le conflit, tantôt sourd, tantôt aigu, toujours profond et redoutable, de l'Allemagne et de l'Angleterre.

C'est ce conflit qui pèse sur nous tous, c'est lui qui aggrave ou qui suscite tous les autres conflits. Même le difficultés survenues entre la France et l'Allemagne au sujet du Maroc ne sont guère qu'un épisode et une manifestation superficielle de la profonde rivalité anglo-allemande, et M. le ministre des Affaires étrangères ne me démentirait pas, si je disais que toutes les difficultés balkaniques seraient plus aisément résolues si, derrière les agitations, les complications de la péninsule des Balkans, il n'y avait pas l'Angleterre et l'Allemagne jouant chacune son jeu, poussant chacune ses pions, ses pièces de jeu sur cet échiquier tourmenté. (*Applaudissements.*)

Ainsi, messieurs, la première question qui se pose à nous, question vitale, question d'avenir pour l'Europe et pour la France, mais aussi question d'intérêt immédiat et de gestion financière, c'est de savoir si l'Europe est condamnée encore pour de longues générations à ce régime, si ce conflit de l'Angleterre et de l'Allemagne doit se perpétuer, imposant sur nous tous les charges de la paix armée et aboutissant enfin à la catastrophe d'une grande guerre où tous les peuples de l'Europe risqueraient d'être entraînés, ou si, au contraire, ce conflit peut se résoudre, s'il peut être atténué d'abord, réglé ensuite par des moyens pacifiques et si la France y peut contribuer. (*Très bien ! très bien !*) Eh bien, messieurs, au risque de vous paraître optimiste et imprudent dans cet optimisme, je crois que ce conflit peut être pacifiquement résolu et je n'offenserai pas notre pays en disant que son devoir, proportionné précisément à la grandeur historique de son rôle, est de travailler autant qu'il dépend de lui, à la solution amiable de ce conflit. (*Très bien ! très bien !*)

Si je prononce ces paroles de confiance, ce n'est pas seulement parce que des symptômes immédiats semblent annoncer entre l'Angleterre et l'Allemagne un espoir, un commencement de détente; vous avez tous recueilli avec joie les paroles récemment prononcées au banquet du lord-maire par le premier ministre du gouvernement libéral anglais, disant qu'il y a tout lieu d'espérer que les relations de l'Allemagne et de l'Angleterre deviendront tous les jours plus correctes et plus cordiales, qu'il n'y a entre les deux pays aucune raison durable d'hostilité et que c'est là l'opinion des hommes les plus sages en Allemagne comme en Angleterre.

Mais, si j'espère ce dénouement pacifique, si je crois que nous pouvons, sans chimère, sans utopie, y travailler pour notre part, ce n'est pas seulement à cause de ces paroles officielles, c'est aussi, c'est surtout parce qu'à mesure que les années passent et que le temps de la réflexion est laissé aux peuples, l'Allemagne et l'Angleterre s'aperçoivent nécessairement que la guerre, si elle survenait entre les deux pays, serait pour tous les deux un terrible péril et un terrible désastre.

Je demande à la Chambre française la permission d'insister sur ces choses; il n'y a là aucune indiscrétion, il n'y a là aucun hors-d'œuvre; tel est aujourd'hui l'entrelacement des affaires du monde, la répercussion inévitable de toutes les catastrophes et de tous les conflits, que nous ne pouvons pas régler nos propres affaires sans nous intéresser au sort de la paix dans le monde entier. (*Très bien ! très bien ! à l'extrême-gauche.*)

Je dis qu'il y a là un intérêt primordial à démontrer, si cela est vrai, comme je le crois, et à démontrer par une analyse exacte, qu'il n'y a pas entre le peuple anglais et le peuple allemand actuellement de conflit, que le conflit peut être écarté et que la France, pour sa part, peut travailler à le prévenir. Je dis que les deux pays s'aperçoivent tous les jours plus nettement que la guerre serait, pour tous les deux, une terrible catastrophe.

L'Allemagne, quelle que puisse être demain la puissance de sa marine, quels que puissent être les ports de refuge ou les points d'appui que sa marine trouverait sur ses côtes difficiles, l'Allemagne risquerait de voir, par des coups soudains, fortement entamer sa puissance navale, et sa puissance économique serait aussi singulièrement menacée par un long conflit.

Vous le voyez tous les jours, messieurs, dans les statistiques qui nous sont ditribuées et on oppose à la lenteur de notre mouvement économique, la croissance rapide de la puissance industrielle allemande et — je ne le méconnais pas — à bien des égards, elle est admirable, mais cette puissance économique de la nation allemande n'est pas encore, si je puis ainsi dire, un édifice trapu, reposant fortement sur les larges assises de capitaux anciens lentement accumulés; elle est construite sur les bases incertaines du crédit...

M. PÉCHADRE. — C'est exact !

JAURÈS. — ...c'est une haute tour, formidable, orgueilleuse, dominatrice, mais qui repose parfois sur un fondement étroit, et la moindre oscillation du sol suffit à l'ébranler. (*Très bien ! très bien !*)

C'est ce que vous avez constaté par les effets de la récente crise américaine. Il a suffi d'une crise banquière, d'une crise monétaire aux États-Unis, arrêtant ou diminuant un moment les achats de l'Amérique pour qu'une crise formidable se développe en Allemagne.

Le péril pour la nation allemande, pour l'industrie allemande gît précisément dans une désorganisation qui, en temps de paix, constitue sa force. Une des forces de la production allemande, c'est que l'industrie y est étroitement associée aux banques, c'est que les banquiers commanditent, administrent indirectement, dirigent, contrôlent les industries.

DURRE. — C'est cela !

JAURÈS. — C'est une raison de puissance, car cette organisation permet à l'industrie allemande, à certaines heures, dans la lutte de la concurrence des effets de masse, les longues prévoyances et les calculs à longue portée; mais aussi, comme le sort de l'industrie est lié par les banques au sort du crédit tout entier, et comme le crédit est exposé à ces oscillations dont je vous parlais, la crise d'une grande guerre pourrait ébranler jusque dans ses fondements la puissance économique de l'Allemagne. (*Applaudissements à l'extrême gauche.*)

Les hommes d'affaires de l'Allemagne les plus clairvoyants le savent bien. Il y a un an, il y a eu à Berlin une réunion générale des financiers qui ont constaté que la moindre guerre créerait dans les finances allemandes, dans l'économie allemande, un trouble profond.

Le danger ne serait pas moindre, il serait d'une autre sorte, mais il serait d'un égal degré pour la nation anglaise. Elle est aux prises, elle aussi, dans sa puissance largement étendue, avec des difficultés croissantes. L'Angleterre ne s'est pas bornée à prétendre à l'empire des mers, à s'organiser pour ses grandes flottes des ports de refuge ou de ravitaillement. Elle a occupé d'immenses territoires. Mais voici qu'en Afrique, en Asie, tous les peuples sur lesquels est levé le manche de son trident commencent à s'agiter, à se réveiller. Voici que la révolution turque a son contre-

coup en Europe. Et lorsque l'autre jour un des plus hauts
diplomates de la Turquie nouvelle a paru indiquer que le
sort de l'Egypte était réglé définitivement, il y a eu au
Caire, comme à Constantinople, un soulèvement signifi-
catif.

Dans l'Inde, les difficultés sont graves pour le Gouvernement anglais. A la suite du mouvement japonais, un ébran-
lement s'est communiqué à toute l'Asie, et il y a dans
l'Inde, contre la domination anglaise, un mécontentement
qui se propage et qui se traduit par des campagnes hostiles
et par des attentats violents. Il y a des ligues qui se for-
ment, de vastes meetings qui se tiennent, des formules de
boycottage des marchandises anglaises qui sont propagées.
Une grande partie des groupements hindous réclament une
extension des libertés de l'Inde, et à l'extrême gauche de
ce mouvement, en marge de ce mouvement, si vous le
voulez, il y a des attentats révolutionnaires répétés qui
rappellent, par leur fréquence, les attentats qui, il y a
vingt ou vingt-cinq ans, se commettaient en Irlande. Le
Gouvernement anglais est, tous les jours, plus embarrassé
à les réprimer, car ils sont couverts par la complicité pas-
sive du silence universel.

Avant-hier encore, un attentat, qui devait être mortel,
a été commis contre le vice-roi de l'Inde ; l'auteur de
l'attentat, pour synthétiser en un symbole admirable la
beauté réunie de la civilisation européenne et de la nature
asiatique, avait fabriqué sa bombe en introduisant de l'acide
picrique dans une noix de coco. (*On rit.*)

Messieurs, c'est un mouvement vaste, c'est un mouvement
profond qui inquiète en Angleterre tous ceux qui réfléchis-
sent et qui prévoient. C'est l'honneur de l'Angleterre,
c'est l'honneur de son Gouvernement libéral qu'à l'heure
présente il ne songe pas à avoir raison de cette agitation
de l'Inde, de cette inquiétude du peuple hindou, s'éveillant
à des espérances nouvelles d'indépendance et de liberté;
il ne songe pas à en avoir raison par les seuls moyens de
la compression et de la force; il veut en avoir raison
en introduisant en effet, graduellement, dans la gestion
des choses de l'Inde, des garanties pour le peuple hindou
lui-même, et, au lendemain de l'attentat, il y a deux jours,
le vice-roi a promulgué, sans y changer un mot, le nouveau
régime, longuement élaboré, pour l'Inde, qui lui accorde
des garanties nouvelles, qui développe un Conseil impérial

du vice-roi, dans lequel les délégués des groupes hindous et des groupes mahométans sont largement représentés, où les fonctionnaires anglais n'ont que trois voix de majorité, et le même projet crée des Conseils provinciaux à attributions étendues, où les délégués élus des groupements, des communautés hindoues ont la majorité. (*Applaudissements à l'extrême gauche.*)

Il est certain que c'est dans cette voie des libertés élargies que se trouveront l'asile et la conciliation de la liberté des peuples et des principes de la conciliation européenne. Mais il est certain aussi que si une guerre était témérairement déchaînée, ces difficultés, dont l'Angleterre peut avoir raison par la hardiesse de son esprit libéral, en période normale, en période de paix, deviendraient, quand un souffle de feu passerait sur toute la planète, des difficultés inextricables. (*Très bien ! très bien !*)

Il y a une autre raison pour que ces grands peuples ne se jettent pas et ne jettent pas le monde avec eux dans des aventures belliqueuses; c'est qu'ils savent de plus en plus qu'en s'affaiblissant l'un l'autre, ils travailleraient au profit d'un tiers.

Pendant que l'Allemagne et l'Angleterre se jalousent, se contrecarrent publiquement ou sournoisement à travers le monde, voici que les Etats-Unis grandissent et que leur ambition mondiale s'éveille. Longtemps ils se sont bornés à exporter des matières premières; maintenant, ils les manufacturent, et ce sont des produits fabriqués, ce n'est plus seulement du coton, ce sont des tissus qui sont exportés par eux à travers le monde. Leur commerce extérieur a doublé; il y a deux mois, le président Taft, tout le long des 14,000 ou 15,000 kilomètres de propagande qu'il a accomplis à travers l'Amérique, a insisté sur cette idée que les Etats-Unis devaient à tout prix s'assurer une marine marchande, et leur intervention active dans la vie économique, dans les conflits économiques du monde se fait plus pressante tous les jours.

Anglais et Allemands s'étaient querellés en Chine pour les chemins de fer. A la longue, des combinaisons étaient intervenues entre les deux. Les Anglais avaient eu d'abord le plus gros morceau. Les Allemands étaient survenus, offrant à la Chine des conditions meilleures pour elle. Et alors une sorte de Syndicat anglo-allemand, avec adjonction de Français s'était formé. Mais à peine cette convention était-elle connue, que les Etats-Unis, non plus par leurs industriels, non plus par leurs Chambres de commerce, mais officiellement, par leurs représentants à Pékin, ont protesté et ont dit: Et nous ? Et ils ont exigé dans les concessions de chemins de fer de la Chine une part nouvelle pour les Etats-Unis. Leur influence économique et leur ambition économique s'accroissent.

Les Anglais le savent bien; ils savent qu'il y a bien des points où ils seraient vulnérables. 41 p. 100 des provisions d'alimentation qui viennent à l'Angleterre du dehors sont fournies, savez-vous par quel pays ? Par la république Argentine. Les Etats-Unis se sont dit que, s'ils pouvaient mettre la main économiquement sur la République Argentine, ils auraient par là la main sur toute la vie anglaise. Et voici que le trust américain de la viande pousse ses entreprises dans la République Argentine au point d'inquiéter le Gouvernement anglais, les grands journaux conservateurs de l'Angleterre.

Qu'est-ce à dire, messieurs ? C'est que, si l'Angleterre et l'Allemagne se déchiraient, s'affaiblissaient, elles trouveraient le lendemain devant elles les Etats-Unis plus puissants, ayant profité de leur discorde même pour élargir leurs débouchés, pour jeter plus loin leurs filets sur le monde .(*Applaudissements.*)

Il y a une troisième raison qui conseille de plus en plus à la sagesse anglaise et à la sagesse allemande le règlement pacifique de tous les conflits, c'est que de plus en plus les peuples auprès desquels se produit ce travail de la compétition européenne se refusent à être une proie; c'est que de plus en plus la Turquie, la Chine prétendent ne plus subir, au point de vue économique, le despotisme de l'étranger.

Sous le régime hamidien, la Turquie était presque exclusivement livrée, pour les travaux d'Asie-Mineure, à l'influence allemande. La Jeune Turquie n'a pas voulu proscrire l'influence allemande, elle a laissé aux Allemands leur large part dans les chemins de fer d'Asie-Mineure, mais elle vient, par un habile système d'équilibre qui assure sa propre liberté, de concéder de larges droits à l'Angleterre dans la navigation du Tigre et de l'Euphrate.

D'autre part, vous voyez que de plus en plus la Chine manœuvre entre les puissances diverses, mettant en opposition, mettant en concurrence les offres des unes et des autres, et assurant de plus en plus sa propre liberté sur la multiplicité même des appétits qui la guettent

Ainsi, ceux qui, par la force, auraient prétendu, en écrasant un rival, s'assurer la primauté et le monopole des affaires dans le monde, ceux-là pourraient avoir de cruels mécomptes.

Enfin, il est impossible qu'en Allemagne et en Angleterre, tous ceux qui pensent ne s'aperçoivent pas que les risques de conflit, que le développement forcé des armements, conduisent les deux peuples à des crises politiques et sociales redoutables.

Ah ! messieurs, c'est la rançon des entreprises de la force, c'est la Némésis, comme le disait Berthelot, qui guette toutes les œuvres de guerre et de violence : il vient un jour où les peuples se lassent; on n'a pas tenu compte de leurs plaintes et de leurs souffrances; on a laissé, pour la satisfaction des besoins d'orgueil ou des convoitises capitalistes, s'accumuler les risques de guerre; on a pressuré le travail. Mais un jour vient où il faut régler les comptes, où il faut combler l'abîme du déficit qui s'est creusé, et ce jour-là, on est acculé à cette redoutable alternative: ou l'on demandera des sacrifices aux classes dirigeantes qui veulent bien bénéficier de la guerre, mais qui ne veulent pas en porter le poids (*Applaudissements à l'extrême gauche*), ou bien on demandera, par l'impôt des sacrifices nouveaux au peuple déjà exploité et alors le peuple se redresse, il réclame, il revendique, et les œuvres de force qu'on avait préparées deviennent l'occasion de mouvements sociaux et politiques dont l'ampleur épouvante les imprudents qui croyaient ne déchaîner que des risques de guerre et qui déchaînent des risques de révolution. (*Nouveaux applaudissements.*)

Messieurs, c'est le spectacle auquel vous assistez en Allemagne.

Il y a deux ans, le Pouvoir s'imaginait, parce qu'il avait coalisé contre le socialisme tous les partis bourgeois, parce que, sans réduire le nombre des suffrages socialistes, qui avait grandi, au contraire, il avait pu, par la coalition de tous les partis, arracher à nos amis quelques sièges et quelques mandats, le Pouvoir s'imaginait qu'il avait triomphé de la démocratie socialiste allemande; et le prince de Bülow annonçait, du haut d'une des fenêtres du palais de la chancellerie, que la démocratie socialiste allemande était

vaincue ; et l'empereur lui-même, le soir de l'élection, ha-
ranguait en vainqueur la foule des badauds chauvins de
la capitale de l'Allemagne. Oui, on avait piétiné sous les
sabots du cheval de l'empire ces indomptés, ces rebelles et
on avait, avec un mot d'ordre patriotique, groupé contre
eux tous les partis. Mais, pendant ce temps, le budget se
vidait, les dépenses militaires, que la démocratie socialiste
allemande voulait arrêter, voulait limiter, grossissaient, se
gonflaient et, en se gonflant, elles débordaient, elles sub-
mergeaient les imprudents mêmes qui avaient provoqué
ces dépenses. Et voici que les partis conservateurs de
l'Allemagne, conservateurs, catholiques, nationaux, libéraux,
n'ont pas eu le courage de s'imposer à eux-mêmes, à leur
clientèle, à leur classe, la rançon de la politique de la
paix armée. Ils l'ont demandée, pour 400 millions d'impôts
indirects, au peuple d'Allemagne et voici que le peuple
d'Allemagne et la petite bourgeoisie d'Allemagne et la
moyenne bourgeoisie d'Allemagne se soulèvent, se révol-
tent. Et voici que le flot rouge se met à monter, et ce
ne sera plus pour une revendication de brutalité, pour une
revendication de violence, mais pour une revendication de
justice. (*Applaudissements à l'extrême gauche*).

En Angleterre, sous l'impulsion d'une démocratie vi-
vante, sous l'impulsion d'un parti du travail grandissant,
le Pouvoir a eu la sagesse de demander aux privilégiés
de la fortune, surtout aux privilégiés de la fortune terrienne — je dis la fortune terrienne, parce qu'en Angleterre c'est la forme la plus aristocratique de la fortune
— les sacrifices nécessaires à l'alimentation du budget. Et
voici que l'Angleterre est à la veille d'une grande crise
dans laquelle sa Constitution politique séculaire peut som-
brer, ou elle n'y échappera qu'en imposant des droits de
douane, qui rompent aussi une tradition de soixante-quinze
ou quatre-vingts années de prospérité et de puissance.

Ainsi, messieurs, les peuples constatent et les Gouvernements peuvent constater que ce n'est plus impunément
qu'on provoquera, qu'on préparera les conflits.

Mais si ce régime de la paix armée accumule déjà sur
les hommes, sur les peuples, sur les Gouvernements tant
de difficultés et tant de périls, que serait-ce de la guerre
elle-même ? Et c'est parce que de plus en plus en Angleterre, en Allemagne, les hommes prévoyants le savent, le
constatent, le pressent, c'est pour cela que j'ai foi,

pour ma part, dans la possibilité d'une détente entre l'Allemagne et l'Angleterre; c'est pour cela que j'ai foi dans la possibilité d'un progrès européen de la paix, dans la possibilité d'un rapprochement entre la France, l'Angleterre et l'Allemagne.

C'est à cette œuvre qui sera le salut de l'Europe, le salut du monde et qui serait aussi le salut de vos budgets, (*Très bien ! très bien ! à l'extrême gauche*), c'est à cette œuvre que nous travaillons, mes amis et moi, sans souci des outrages, sans souci des calomnies, sachant bien que ce ne peut pas être l'œuvre d'un homme ni l'œuvre d'un jour, l'œuvre de quelques hommes ni l'œuvre de quelques jours, mais l'œuvre de toute une génération, d'un long effort d'habileté et de courage.

Ah ! messieurs, nous ne nous dissimulons pas le péril, et voilà pourquoi nous voulons que la France prenne position nette. Oui, en Allemagne, en Angleterre, l'immense majorité des hommes dans tous les partis veulent la paix; mais il suffit qu'il y ait dans le pays des groupes, même de minorité, rêvant les aventures, pour que notre vigilance doive toujours être en éveil. Dans les choses extérieures, il suffit de l'action de minorités, violentes ou sournoises, pour déterminer par surprise les catastrophes si les peuples ne veillent pas.

Je constate qu'à côté de l'immense majorité de la nation allemande qui veut la paix, il y a des groupes minuscules qui ont eu l'impudence de déclarer avec le docteur Schliemann que, si un conflit éclatait entre l'Angleterre et l'Allemagne, c'est la France qui serait prise en otage, comme si elle pouvait être aisément prise en otage.

M. Paul DOUMER. *rapporteur général de la Commission du budget.* — Comme s'il s'agissait d'une proie facile !

JAURÈS. — Messieurs, je ne sais pas l'idée que se font ces hommes des forces de la France. (*Applaudissements.*)

J'ai vu, ces jours-ci, dans le livre de M. Huret que ceux-là qui rêvaient, à l'occasion d'un conflit possible ou probable de l'Angleterre ou de l'Allemagne, de fondre sur nous non pas pour nous prendre des territoires nouveaux — l'œuvre d'assimilation est trop difficile (*Applaudissements*) — mais pour appliquer la prophétie clairvoyante de Proudhon, annonçant que la guerre aboutirait à rétablir dans le monde moderne la forme antique

du tribut et de l'esclavage économique par la conquête,
j'ai vu qu'ils rêvaient d'imposer à ce pays, comme com-
pensation des dépenses que causerait la guerre avec l'Angleterre, qu'ils rêvaient d'imposer à la France 30 ou 40
milliards de tribut, réduisant ainsi les citoyens français
à n'être que des serfs travaillant pour le compte du Trésor
de l'empire allemand.

Allemagne, France et Alsace.

Messieurs, ce sont de détestables chimères et ceux qui,
comme mes amis et moi, veulent profondément la paix,
ceux qui veulent qu'il n'y ait dans la politique française
aucune arrière-pensée (*Applaudissements à l'extrême gauche*), aucune racine cachée de politique de revanche, ceux-
là peuvent bien dire que le jour où, à la France voulant
la paix, le disant au monde, ne se laissant entraîner délibérément dans aucune aventure, on dirait. « Tu seras
esclave, tu serviras la politique d'un autre pays, tu seras
tributaire du sol de ce pays », jaillirait une résistance in-
comparable dans l'histoire.

Sur ce point voilà ce que je voulais dire, et j'ajoute
qu'en même temps que nous sommes fondés à tenir ce
langage à quelques groupes de pangermanistes d'outre-
Rhin, nous ne pouvons laisser, nous ne voulons laisser
à aucun groupe de transporteurs et de capitalistes anglais
l'illusion que nous nous laisserions envelopper dans un
conflit délibérément préparé avec l'Allemagne.

De même que les paroles de Schliemann ont révolté
votre conscience, de même, je l'avoue, je n'ai pas aimé
l'article récent de la grande revue anglaise, le *London
Century*, disant que l'Angleterre devait se hâter de préparer un grand corps d'armée expéditionnaire pour être
plus sûre de nous entraîner avec elle dans les conflits de
l'avenir.

Il n'appartient à personne de disposer de la France,
(*Applaudissements à l'extrême gauche et sur divers bancs*)
et je dis que si nous voulons qu'entre l'Angleterre et
l'Allemagne le conflit n'éclate pas, nous pouvons y aider
pour notre part en avertissant bien haut tous les pays du
monde que nous ne nous laisserons envelopper dans aucun
conflit, dans aucune intrigue et que nous voulons rester

libres de nos mouvements pour travailler à la paix du monde. (*Applaudissements sur les mêmes bancs.*)

M. Théodore REINACH. — Ce système ne nous a pas réussi à Sadowa, monsieur Jaurès.

JAURÈS. — Monsieur Reinach, je m'aperçois que j'avais raison de dire au début, lorsque je me référais à vos paroles, à vos vœux pour la limitation des armements, qu'il ne suffisait pas de formuler un *pium votum*, un vœu pieux, qu'il fallait avoir le courage de regarder les difficultés en face et d'y répondre. (*Applaudissements à l'extrême gauche.*)

Ce qui nous a perdus, ce qui a perdu la France à Sadowa, ce n'est pas d'avoir pratiqué la politique de clarté, la politique de franchise et de simplicité que je formule à cette heure; ce qui nous a perdus, c'est au contraire d'avoir eu une politique de dualité et d'ambiguïté. Au moment où s'accomplissait l'unité allemande, l'empire n'a pas su s'y opposer, il n'a pas eu le courage de s'y opposer, il n'a pas eu le courage de l'accepter. Il n'a pas combattu pour l'empêcher, mais il a boudé, il a nourri des arrière-pensées, il a suggéré à l'Allemagne que la France n'acceptait pas l'unité allemande, et c'est pour avoir eu une politique équivoque, ambiguë, menteuse, qui donnait des craintes et des espérances illusoires que l'empire a mené la France aux abîmes. Moi, je veux que la France dise:

Voilà ce que je suis: un pays fier, un pays indépendant, un pays qui ne se laissera pas accabler, violenter, mais un pays qui n'est dupe d'aucune intrigue, qui ne veut servir aucune arrière-pensée, qui ne veut pas sacrifier à une politique de revanche directement avouée la paix du monde, et qui ne veut pas non plus sacrifier cette paix du monde à des intrigues occultes et latérales ourdies par quelques capitalistes des pays voisins. (*Très bien ! très bien !*)

Je dis que c'est une politique parfaitement claire, parfaitement nette et qui serait efficace. Elle n'implique en rien la répudiation du droit, elle n'implique en rien la proclamation du droit de la conquête; elle implique la foi dans les réparations de justice qui sortiront naturellement, invinciblement, du développement de la démocratie et de la certitude de la paix.

Deux grands faits dominent les rapports de la France et de l'Allemagne: le premier, c'est que, depuis quarante ans, la France, sans bassesse, sans abdication, a su maintenir la paix dans la première période où elle était isolée après ses désastres, mais où le ressort de la politique de revanche pouvait être plus énergique par le souvenir plus récent des épreuves. Ni dans cette période, ni quand a été conclue l'alliance russe, ni quand a été conclue l'alliance ou l'amitié anglaise, la France n'a jamais songé à demander la réparation par les armes et n'a jamais songé à remettre le destin du monde et de l'Europe aux hasards de la force, aux hasards des combats.

En même temps, il y a un autre fait à retenir : c'est que dans cette période de quarante années, l'Alsace-Lorraine a su affirmer dans la paix une admirable vitalité française. Il se peut que pendant dix ans, pendant quinze ans après la guerre de 1870, elle ait attendu avec un mélange d'espérance et d'angoisse les grandes guerres de délivrance que quelques-uns annonçaient tout bas : mais quand elle a vu que les années passaient, quand la dernière protestation intransigeante a été exilée avec Antoine, le député de Metz, c'est alors que l'Alsace-Lorraine a montré le vrai courage. N'attendant plus le retour de justice de la fortune et de la surprise des armes, elle s'est dit que son devoir, son salut, c'était, du moins dans les cadres territoriaux de l'Europe actuelle, de garder l'originalité de sa pensée, de perpétuer, sous la domination du vainqueur, la parcelle d'âme française qu'elle avait gardée en dépôt. Et c'est ainsi, messieurs, que, dans la bourgeoisie d'Alsace, dans le peuple d'Alsace, jamais la culture de la langue française n'a été aussi répandue qu'aujourd'hui.

À gauche. — C'est exact.

JAURÈS. — C'est ainsi qu'à l'heure présente, en Alsace, tous les partis se groupent non plus pour abdiquer au profit les uns des autres, tous gardant leur idéal, catholiques, socialistes, démocrates anticléricaux, mais tous unis pour réclamer de l'Allemagne une plus large autonomie administrative, pour protester contre la brutalité du fonctionnarisme prussien, pour demander pour les Alsaciens-Lorrains, le droit de continuer, de prolonger la culture française. Et ce mouvement est si admirable qu'il fait dans une large part la conquête des immigrants eux-mêmes qui admirent cette fidélité et qui rêvent d'une Alsace où par la culture française et la culture allemande réconciliées, l'Allemagne et la France se réconcilieraient à leur tour. (*Applaudissements à l'extrême gauche.*)

Messieurs, voilà la politique générale qui seule peut préparer avec une détente de l'Europe, une détente de vos budgets.

L'organisation populaire de l'armée.

Et en même temps nous vous demanderons de procéder à la réorganisation de votre institution militaire.

Messieurs, en deux mots, j'ai le droit de dire que le service de deux ans tel que vous l'avez institué est à bout de souffle. (*Mouvements divers.*)

Entendons-nous, messieurs, c'est une question grave et sur laquelle je vous demande, abusant s'il le faut de votre bienveillance. (*Non ! non ! — Parlez ! à l'extrême gauche*) de m'expliquer clairement une fois de plus.

Je dis que le service de deux ans est à bout de souffle. Je dis qu'il a d'abord ce vice de vous coûter des sommes nouvelles, de vous imposer un nouveau fardeau de dépenses. Je dis de plus qu'il met à nu la pauvreté en hommes de chacune de vos unités de l'armée. Vous n'avez pas, vous ne pouvez pas avoir le chiffre d'hommes sur lequel vous avez compté d'abord. Vous avez essayé de vous masquer à vous-mêmes ce déficit en hommes en incorporant des invalides. (*Très bien ! très bien ! à droite. — Applaudissements à l'extrême gauche.*)

M. LASIES. — Non seulement des invalides, mais des infirmes.

JAURÈS. — Mais il y a eu une telle protestation des médecins...

BOUVERI. — Et des familles surtout.

JAURÈS. — ...des officiers, des familles, que vous êtes obligés maintenant d'en licencier un grand nombre.

M. Maurice BERTEAUX, *président de la Commission du budget.* — Mais non ! Permettez-moi...

JAURÈS. — Je vous en prie, monsieur Berteaux. Vous me répondrez.

Il vous apparaîtra de plus en plus à découvert que vous ne pouvez plus, ou que vous pouvez péniblement, avec le service de deux ans, garnir chacune de vos unités de telle manière qu'elle puisse vraiment aider, prendre part à des manœuvres effectives, et, en même temps, votre service de deux ans garde un grand vice. Malgré tout, l'armée reste coupée en deux: une armée de caserne et une armée des réserves, et comme vous prolongez au-delà du nécessaire le temps de la caserne, c'est sur l'armée encasernée que se portent, malgré vous, malgré tout, tous vos regards, toute l'attention de vos chefs; et la plus grande partie des réserves restent dans la pénombre, et les six ou sept dernières classes de vos réserves sont à demi-inutilisées; dans une grande mobilisation, elles ne figurent pas dans les forces de première ligne. Eh bien ! nous disons, nous ne cesserons pas de le dire, qu'avec la disproportion croissante de la population française et de la population allemande, la France risquera d'être écrasée, si elle n'est pas en état de mettre en ligne, et même en première ligne, s'il le faut, tous ses hommes de vingt à trente-cinq ans.

Vous ne pouvez faire cette vaste mobilisation de toute la jeunesse virile de ce pays qu'avec une organisation militaire nouvelle, dont les pays voisins, ou vous ont donné, ou vont vous donner l'exemple.

M. LE PRÉSIDENT DE LA COMMISSION. — Je crois, mon cher collègue, que c'est une erreur d'optique, car tout le monde est en première ligne. Seulement, il y a des formations en profondeur comme il y a des formations en ligne.

M. LE RAPPORTEUR GÉNÉRAL. — Il faut bien échelonner les formations de combat.

JAURÈS. — Non, messieurs, et c'est un point sur lequel il faudra bien qu'un jour ou l'autre, un jour prochain, on échange ici les explications nécessaires. Vous ne pouvez pas avoir dans une démocratie comme la démocratie française une stratégie de cabinet. Sans doute, personne ne vous demande de livrer les détails d'un plan de campagne hypothétique, mais ce qu'on vous demande, ce qu'on aura le droit de vous demander, si vous voulez que la défense nationale, au jour du péril, soit conduite avec toute l'âme de la nation, c'est de dire à la nation quelles sont les grandes lignes, les lignes directrices, les idées maîtresses du plan de défense construit pour ce pays.

Je ne veux pas dire par là qu'il faut savoir si on ne compte pour l'épreuve décisive que sur une partie de l'armée...

M. LE PRÉSIDENT DE LA COMMISSION. — Non ! non !

JAURÈS. — ...mobilisée en avant-garde, ou si l'on compte réellement sur l'armée tout entière. Il ne servira à rien, mon cher monsieur Berteaux, que vous me disiez que les réserves, dans la formation ultérieure, pourront être en profondeur à la disposition du commandement...

M. LE PRÉSIDENT DE LA COMMISSION. — Cela dépend des endroits.

JAURÈS. — ...ce qui importe, c'est que toute la force française de dix-neuf à trente-cinq ans...

M. LE PRÉSIDENT DE LA COMMISSION. — Elle y sera !

JAURÈS. — ...constitue une force homogène que vous pourrez distribuer ou sur le front ou en profondeur, selon les nécessités de votre stratégie. Mais il faut que vous puissiez compter également et que vous appreniez à compter également sur les dernières classes de la réserve et sur les classes de l'armée encasernée.

Ne me dites pas qu'il en est ainsi. Je vous apporterais le témoignage, je vous apporterais les confidences, je vous montrerais l'état d'esprit de plus de la moitié de vos chefs. Il est d'autant plus inquiétant que l'Allemagne elle-même, quoiqu'elle compte plus que vous encore sur son armée de première ligne, quoiqu'elle ait à quelques égards une certaine défiance des réserves, est obligée maintenant d'en prévoir une utilisation plus effective. Vous avez lu certainement — je vous demande pardon, messieurs, d'entrer dans ces détails (*Parlez ! parlez !*) — vous avez lu le livre récent sur « la grande guerre moderne » du général allemand Falkenhaus et vous avez vu qu'il essaye d'utiliser au maximum toutes les masses; cependant, pour l'Allemagne aussi, c'est l'armée de première ligne qui compte surtout.

Et à vous, messieurs, savez-vous ce qu'on peut vous reprocher ? C'est d'avoir beaucoup trop calqué votre organisation sur l'organisation allemande, c'est d'avoir oublié que vous pouvez, si vous le voulez, vous, démocratie républicaine, avoir en la force populaire tout entière plus de confiance que les dirigeants de l'Allemagne. (*Applaudissements à l'extrême gauche*).

M. Georges COCHERY, *ministre des Finances.* — Je vous assure que cette confiance, nous l'avons pleine et entière et que nous considérons les réserves comme l'âme de la défense nationale. (*Très bien ! très bien !*)

ALLEMANE. — Nous avons entendu cela en 1870. Rappelez-vous Trochu !

JAURÈS. — Si vous comptez surtout sur les réserves, vous devez donner à l'armée une organisation qui mette ces réserves en valeur, qui fasse de ces réserves et des plus jeunes classe une masse absolument homogène. Voilà pourquoi nous vous demandons non pas de copier la Suisse, mais de vous rapprocher autant qu'il convient au génie de la France et à ses habitudes, du type de l'organisation populaire de cette armée. Quand on parle de la Suisse, messieurs, il semble qu'il soit question d'une sorte de garde nationale inerte, mal disciplinée. Regardez ce pays !

Edouard VAILLANT. — Très bien !

JAURÈS. — La Suisse n'est pas seulement un pays militaire, c'est un pays militariste, qui a la passion des armes, des exercices militaires; ce pays a une des armées les plus fortes, les plus puissantes de l'Europe. Eh bien, si vous, vous donniez au peuple de France la certitude que son armée ne sera jamais employée à des besognes d'aventures, mais seulement à la défense nationale, vous feriez passer dans l'âme de toute le peuple une telle animation d'indépendance que l'organisation populaire de l'armée deviendrait possible.

Et voyez, messieurs, ce qui s'est passé en Angleterre, les manœuvres de l'armée territoriale ont fait l'admiration du général Langlois qui l'a consigné dans son rapport. Quelle a été la durée de préparation des hommes entraînés à ces manœuvres ? Quinze jours ! trois semaines ! mais parce que les manœuvres où étaient conduits les hommes étaient vivantes, intéressantes, avec un objectif intelligible, parce qu'elles donnaient un but à l'activité des hommes, elles ont été excellentes.

En Belgique, c'est le service de quinze mois et bientôt celui de douze mois qui va servir de base à l'organisation militaire. Eh bien vous pouvez, vous devez marcher en ce sens et vous trouverez là une sensible économie budgétaire en même temps qu'un accroissement de vos forces actives. (*Mouvements divers.*)

Voilà, messieurs, une première série d'économies véritables que vous pouvez réaliser.

Impôts d'expédients.

En attendant, notre devoir est de ne pas nous dissimuler à nous-mêmes les difficultés budgétaires. Il est question d'un déficit de 200 millions, et on nous apporte, pour le combler, des impôts d'expédients ! On a loué M. le Ministre des Finances de sa sincérité, je l'en loue aussi; il en a eu la fièvre. (*Sourires.*) Je lui ai dit, l'autre jour, qu'il avait eu le délire de la sincérité. (*Rires.*) Il a vu certaines difficultés en gros, mais il ne les a pas vues toutes. Il ne suffirait pas de nous dire que nous avons à parer à ce déficit de 200 millions si nous ne pouvions équilibrer notre budget qu'en renonçant à l'espérance des grandes réformes sociales qui sont dans votre programme de demain; ce serait un équilibre menteur. Il ne suffira pas de doter un maigre budget des retraites ouvrières, il faudra doter l'assurance sociale contre le chômage. (*Applaudissements à l'extrême gauche et sur divers bancs.*) Il faudra permettre aux municipalités de construire, pour les ouvriers qui étouffent dans des taudis, des logements sains à bon marché. (*Nouveaux applaudissements.*) Il faudra doter l'Etat de ressources suffisantes pour qu'il puisse à certaines heures, tenir en bride la prétention de ces capitalistes qui veulent vous arracher les concessions de mines, les concessions de forces hydrauliques. (*Applaudissements à l'extrême gauche*) et qui comptent, pour vous imposer leurs conditions, sur la détresse du trésor public.

Pour toute cette grande œuvre, que nous apportez-vous ? Vous nous apportez des impôts d'expédients, des impôts sans productivité future et des impôts injustes.

Les privilèges miniers.

Je ne parle pas de l'impôt sur les mines et des 6 millions que vous demandez à une augmentation des redevances. Sur cet impôt, nous serons aisément d'accord; je ne fais que deux réserves: la première, c'est que vous ne faites pas aux municipalités une part suffisante, vous ne leur laissez qu'un demi pour cent; il faudra forcer la proportion. (*Très bien ! très bien ! à l'extrême gauche*).

Messieurs, je ne comprends pas, et c'est un des plus sérieux exemples de la puissance privilégiée du grand capital dans ce pays, qu'on ait toléré jusqu'ici la situation faite aux communes ouvrières qui reposent sur des territoires concédés aux mines. (*Très bien ! très bien ! à l'extrême gauche et sur divers bancs à gauche*). Ce sont les Compagnies de mines qui obligent toutes ces municipalités ouvrières, les municipalités du Nord, du Pas-de-Calais, de l'Aveyron, du Tarn, à des dépenses constantes; c'est pour ces ouvriers de la mine que les municipalités sont obligées de faire de grands travaux d'adduction d'eau, c'est pour rétablir les chemins défoncés par les charrois de l'exploitation des Compagnies (*Applaudissements à l'extrême gauche*), que les communes...

M. Emmanuel BROUSSE. — Et les départements.

JAURÈS. — ...sont obligées de s'imposer extraordinairement. Et l'ouvrier paye, et le petit commerce local, le pauvre petit boutiquier est accablé, avec sa patente, de centimes additionnels. Et les grandes Compagnies minières ne payent pas un centime aux municipalités ! (*Nouveaux applaudissements sur les mêmes bancs*).

Il faut appliquer là, sous certaines précautions dont nous conviendrons aisément, il faut appliquer simplement aux Compagnies minières le régime du droit commun des patentes pour l'imposition des centimes additionnels communaux. (*Très bien ! très bien ! à l'extrême gauche et à gauche.*)

Voilà ma première réserve. Il en est une autre, celle qui touche à la retraite des ouvriers mineurs. Elle est composée exclusivement, d'après la loi de 1895, par les versements de la Compagnie et par les versements des ouvriers. L'État ne donne pas un centime et les ouvriers mineurs ne sont pas compris dans la loi générale qui prévoit une allocation de l'État. Il y a des points, comme le Pas-de-Calais, où les ouvriers ont obtenu, à la suite des grèves, que les Compagnies relèvent les retraites insuffisantes. Mais vous comprenez bien que plus vous voulez demander par l'impôt, par l'aggravation des redevances aux Compagnies, plus vous allez rendre difficile aux ouvriers d'obtenir des Compagnies un relèvement des retraites. Et alors, il sera juste, au moment où vous élèverez les redevances, de spécifier que l'État majorera les retraites des anciens mineurs dans la même proportion où il majore dans la loi générale prévue, les retraites de l'ensemble des ouvriers. (*Applaudissements à l'extrême gauche et sur divers bancs à gauche.*)

Les successions et les retraites ouvrières

Je ne discute pas non plus le principe, ni le mécanisme de l'impôt sur les successions. Je les proclame justes et je suis convaincu, sans ironie, sans paradoxe et ne voulant pas dévaster le capital — nous voulons le socialiser, nous ne voulons pas le dévaster (*Très bien ! très bien ! à l'extrême gauche. — Mouvements divers*) — je suis convaincu que vous pouvez utilement demander davantage à l'impôt sur les successions.

Mais ce n'est pas la question qui, en ce moment, est posée entre nous. Il a toujours été proclamé que les impôts additionnels aux successions resteraient, jusqu'au vote de la loi des retraites ouvrières, un gage absolument réservé. (*Applaudissements à l'extrême gauche.*)

C'est ce qu'a opposé la Chambre, c'est ce qu'a opposé unanimement, il y a trois ans, la Commission du budget au projet de budget de M. Poincaré; et c'est aujourd'hui plus que jamais la vérité.

Quelle combinaison faites-vous ? Vous prenez 100 millions aux successions et vous déclarez que cette année, à cause des délais de paiement, 50 millions entreront dans le budget de 1910. Il restera donc, à votre compte, sur l'impôt nouveau que vous créez pour les successions 50 millions disponibles pour les retraites ouvrières, en 1912, 50 millions, c'est bien le chiffre du Gouvernement...

M. Georges Cochery, *ministre des Finances.* — Mais non ! monsieur Jaurès. Vous avez pu lire en toutes lettres, dans l'exposé des motifs du Gouvernement, qu'il se réserve d'insérer dans la loi sur les retraites ouvrières le vote d'un décime et demi, ce qui donnera environ 50 millions complémentaires, lesquels, venant s'ajouter aux 55 millions qui apparaîtront la seconde année, formeront le chiffre total de 105 millions.

JAURÈS. — J'entends bien ; mais je dis de toute bonne foi qu'il vous sera d'autant plus difficile d'obtenir ultérieurement un centime, d'autant plus difficile d'obtenir, après le vote de ces 100 millions, 50 millions d'impôts nouveaux par les successions que vous aurez déjà pris 100 millions, et, sur ces 100 millions, introduit vous-même dans le budget 50 millions.

C'est là une très dangereuse tactique. Au Sénat la question est posée. La Commission du Sénat ne veut que d'un projet qui entraînerait une dépense immédiate et prochaine de 50 millions.

M. LE MINISTRE DES FINANCES. — Pardon ! la Commission du Sénat est en complet accord avec nous...

JAURÈS. — La Commission des Finances !

M. LE MINISTRE DES FINANCES. — Parfaitement.

JAURÈS. — Mais pas la Commission des retraites. C'est de la Commission des retraites que je parle.

M. LE MINISTRE DES FINANCES. — Moi, je parle du Sénat !

JAURÈS. — Je dis qu'il y a au Sénat des partisans d'un système, celui de la Commission des retraites, qui ne demanderait que 50 ou 60 millions à l'Etat.

Je dis qu'il est imprudent que vous ne laissiez, vous, qu'une disponibilité de 50 millions. Lorsqu'interviendra la décision du Sénat, le vote sera d'autant plus large, les objections seront d'autant plus faibles que vous aurez réservé la totalité de l'impôt successoral.

Je le sais bien, vous comptez sur M. Ribot. (*Rires à l'extrême gauche.*)

M. LE MINISTRE DES FINANCES. — Monsieur Jaurès, le Gouvernement compte seulement sur lui-même et sur les sentiments démocratiques du Sénat.

Marcel SEMBAT. — Ceux de M. Ribot ne vous seront pas inutiles.

JAURÈS. — C'est M. Ribot qui a joué au Sénat le rôle d'entraîneur. (*Sourires.*) Pendant qu'on le croyait immobilisé dans la vieille ornière de la liberté subventionnée, il a pris sa route et il a laissé sur sa droite et M. Cuvinot, et M. Viviani, et le Gouvernement tout entier. (*Très bien ! et rires à l'extrême gauche et sur divers bancs.*) Pendant qu'on le croyait dans l'ornière, il a, sur la route de l'obligation, fait du 100 millions à l'heure. (*Nouveaux rires.*)

Eh bien, messieurs, je vous demande de ne pas l'entraver; je vous demande de ne pas fournir à ceux qui trouveront que M. Ribot va trop loin et trop vite le prétexte de dire : Une partie du gage a été dévorée. (*Applaudissements à l'extrême gauche et sur divers bancs à gauche.*)

La politique des marchands de vins.

Et maintenant, quels sont les impôts qui restent ? Ce sont les impôts des boissons ! Ah ! messieurs, je ne veux pas que vous m'accusiez de céder à la pression des mouvements qui se sont produits hier. Lorsque je suis, vers six heures du soir, sorti de la Chambre, et que j'ai dû traverser, pour aller à la gare des Invalides, les bataillons épais de la police, et les escadrons de la garde républicaine, je me suis demandé si les anarchistes de la Confédération générale du Travail livraient assaut à la Chambre. (*Très bien ! et rires à l'extrême gauche.*) Non, ce n'était que la placide petite bourgeoisie du comptoir. (*Nouveaux rires.*)

Eh bien, je ne veux pas, pour ma part, qu'ils puissent croire que nous cédons à leur pression. Il y a des semaines, j'avais, M. le Ministre le sait, j'avais déjà pris position nette sur ces questions. Je me permettrai même de dire aux marchands de vins de Paris et des autres villes, aux débitants et cabaretiers, qu'ils sont mal fondés à faire la campagne qu'ils mènent. Ce sont eux qui acculeraient le Parlement, s'il y pouvait être acculé, aux mauvais impôts sur les boissons proposés par M. le Ministre des Finances.

Ce sont eux qui, par leur attitude politique — ne vous offensez pas, messieurs de la droite, — nationaliste et cocardière (*Très bien ! très bien ! à l'extrême gauche*), ont rendu difficile au Parlement d'exercer, sur les dépenses militaires, le contrôle qui aurait pu prévenir la nécessité des impôts nouveaux. (*Applaudissements sur les mêmes bancs.*)

Lorsque nous avons délibéré ici cet impôt sur le revenu qui répond à la définition donnée hier par le commerce des vins de l'impôt équitable, à savoir d'un impôt qui, sans connaître les catégories de professions, demande l'impôt aux citoyens en proportion de leurs ressources et en progression suivant leurs ressources, lorsque nous avons délibéré cet impôt, nous avons trouvé devant nous la résistance de la même ligue, présidée par le même M. Marguery qui protestait hier. (*Vifs applaudissements à l'extrême gauche et sur divers bancs.*)

Ainsi, ce sont eux qui contribuent tout à la fois, en élargissant le déficit et en refusant les nouveaux impôts de justice, à rendre à peu près inévitables les impôts d'expédients contre lesquels ils s'insurgent aujourd'hui. (*Nouveaux applaudissements.*)

Il y a une autre raison : c'est qu'ils n'ont pas su s'organiser, c'est qu'ils n'ont pas su, aussi, s'affranchir à l'égard des gros marchands de vin, dont ils ne sont en réalité que les agents, sous l'apparence de négoce indépendant. Ces gros marchands de vin multiplient, font pulluler dans chaque quartier les petits débits; et c'est ce pullulement qui est en partie la cause de la ruine du commerce des vins. (*Applaudissements à l'extrême gauche et sur divers bancs.*)

Ce n'est donc pas pour entrer dans leurs vues que je proteste contre les nouveaux impôts. Mais je dis que contre ce mouvement répercuté dans tout le pays, vous n'aurez aucune force avec votre politique fiscale d'expédients. Comment voulez-vous vous défendre contre ces hommes qui vous reprochent de faire peser sur eux un impôt démesuré et exclusif, s'il est évident, à la même heure que pour le même produit, il y a des citoyens qui, par centaines de mille, ne payent pas un centime d'impôts ? (*Vifs applaudissements à l'extrême gauche et sur divers bancs.*)

Il n'y a qu'un moyen, messieurs, de vaincre les résistances, aussi bien les résistances des débitants que les résistances des bouilleur de cru, c'est de faire, par le monopole de l'alcool... (*Vifs applaudissements à l'extrême gauche et sur divers bancs.*)

M. LASIES. — Par ce moyen-là, je le veux bien, mais pas par d'autres.

JAURÈS. — ...une grande œuvre à la fois fiscale et sociale. Vous ne pourrez pas autrement vaincre les résistances.

Ce monopole, ne dites pas qu'il est inapplicable.

M. LE MINISTRE DES FINANCES. — Je ne l'ai pas dit.

JAURÈS. — Vous pourriez le diversifier suivant les régions, l'assouplir dans ses modes d'organisation de façon à fournir aux variétés de la production leur emploi et leur jeu. Mais il est indispensable que vous en finissiez avec le régime bâtard d'aujourd'hui. (*Applaudissements à l'extrême gauche et sur divers bancs.*)

L'impôt est si élevé sur l'alcool — dix fois supérieur à la valeur même du produit — qu'il rentre dix fois dans la définition du monopole fiscal tracé par Montesquieu. Quand un impôt si démesuré est établi sans que l'État s'assure par le monopole le moyen de contrôler la production, de la diriger, vous ne faites évidemment que deux choses déplorables : d'un côté vous primez la fraude (*Très bien ! très bien ! à l'extrême gauche*) par l'écart du prix entre le produit qui acquitte l'impôt et le produit qui s'y dérobe; et d'un autre côté, par l'exagération du prix qui laisse subsister tous les méfaits de la concurrence entre marchands, vous obligez les marchands, à avilir la qualité du produit et à aggraver l'empoisonnement du peuple. (*Vifs applaudissements.*)

Eh bien ! qu'il ne soit plus permis de dire, lorsqu'on combat les bouilleurs de cru, que c'est au profit des barons de l'alcool. Non, messieurs, menons contre l'alcoolisme, par le monopole de la production, de rectification et de vente contrôlée, une grande croisade à la fois fiscale et sociale. (*Applaudissements à l'extrême gauche et sur divers bancs.*)

Contre l'alcoolisme.

Disons à ce pays qu'il ne gardera sa vitalité, qu'il n'assurera son équilibre, que s'il se préserve de ce fléau. (*Applaudissements.*)

Disons à toute la classe ouvrière qu'elle ne deviendra capable de mener son propre destin, qu'elle ne pourra suffire à la grandeur de son ambition et de son rôle, si elle permet que tous les jours un poison subtil vienne miner l'équilibre mental des populations. (*Vifs applaudissements.*)

Messieurs, c'est l'honneur du Parti socialiste et de la classe ouvrière de tous les pays de mener cette campagne.

M. Théodore REINACH. — Elle n'est pas seule !

M. d'ELISSAGARAY. — Vous n'avez pas le monopole de la lutte contre l'alcoolisme.

Le citoyen ALLEMANE. — Alors, rivalisez avec nous !

JAURÈS. — Je ne prétends pas que le Parti socialiste ait le monopole de cette campagne; je dis que parce qu'il est en rapport avec les organisations ouvrières et parce que les organisations ouvrières constatent les méfaits de l'alcoolisme, le Parti socialiste porte à lutter contre le fléau une attention passionnée. Et voilà pourquoi tous les jours, une manchette des journaux socialistes allemands porte : « Combattons l'alcoolisme ! » Et voilà pourquoi, dans la récente grève générale de Suède, ce sont les ouvriers qui, eux-mêmes, pour assurer la conduite autonome de leur grève en pleine raison, en plein sang-froid, malgré les excitations possibles de la souffrance, ont demandé à l'Etat suédois qui a le monopole de l'alcool, de fermer les débits pendant la durée de la grève.

Messieurs, cette croisade, il faut qu'elle soit menée par tous les partis, par la Chambre tout entière, par le Parlement tout entier. (*Très bien ! très bien !*) Mais le plus déplorable prélude, c'est d'éluder le problème. Et c'est aggraver le mal actuel par des surtaxes qui ne modifient pas le régime, mais qui l'inclinent à plus de fraude et à plus d'empoisonnement. (*Applaudissements à l'extrême gauche et sur divers bancs à gauche.*)

De même, c'est un mauvais procédé, pour empêcher la multiplication des débits, de vous borner à frapper d'un surcroît d'impôts les débits nouveaux qui s'ouvrent. Vous n'empêcherez l'ouverture d'aucun débit, vous n'aboutirez qu'à une chose : c'est que de plus en plus ce seront les gros marchands de vin qui, étant seuls capables de faire les avances nécessaires, ouvriront en réalité des débits. (*Très bien ! très bien !*)

Messieurs, c'est par des mesures plus directes, c'est en limitant le nombre des débits, c'est en obligeant les débitants actuels à se grouper pour racheter successivement les fonds qui viennent à expiration, que vous réduirez le nombre des débits.

Les vignettes et les fraudes.

Et pour les vins... ah ! messieurs, je ne veux pas dire de mal du système de la délimitation. Comme socialiste, auquel on oppose tous les jours les difficultés présumées d'organisation du régime collectiviste, je serais tenté de vous remercier d'avoir cru à la possibilité de découper la France en régions aussi nettement circonscrites ; je vous féliciterais d'avoir substitué pour toutes ces régions, aux marques individuelles des débitants, la marque collective de la région.

M. Théodore REINACH. — Ce n'est pas une substitution, c'est une superposition.

JAURÈS. — C'est une superposition ! Mais ou bien la marque collective de la région n'aura qu'une valeur collective médiocre, et il ne faut pas la demander, et vous ne tiendrez pas à la demander, ou bien vous pensez que c'est cette marque collective qui sera la véritable garantie. Monsieur Théodore Reinach, si la marque individuelle suffisait, vous ne demanderiez pas la marque collective. (Applaudissements à l'extrême gauche et sur divers bancs.)

M. Théodore REINACH. — J'ai expliqué dans mon discours que je me suis opposé aux bandes de garantie, excepté pour les vins de Champagne, parce que, pour eux, la question se pose d'une façon toute différente et qu'il s'agit de lutter à l'étranger contre une concurrence déloyale.

M. Jules ROCHE. — C'est surtout pour les vins de Champagne que la vignette d'Etat est inutile et même dangereuse tandis que la marque individuelle du vendeur est essentielle.

JAURÈS. — Je ne discutais pas l'opinion individuelle, si importante qu'elle soit, de M. Théodore Reinach ; je discutais le projet du gouvernement. Ce n'est pas la marque individuelle qui m'occupe en ce moment, c'est la vignette gouvernementale. Je disais qu'en fait je pouvais, moi socialiste, vous féliciter d'avoir substitué... ou superposé dans chaque région et avec un rayonnement spécial la vignette collective à la vignette individuelle. Je pourrais vous dire que c'est un commencement d'organisation, sinon dans la production, au moins dans la vente. Seulement, prenez garde, je crois que vous n'allez pas assez loin.

Lorsque, sous l'ancien régime, les syndics imposaient une marque collective aux produits originaires d'une région, ils avaient, sur les produits qu'ils devaient recevoir la marque, un droit de contrôle; de telle sorte que la marque collective ne pût pas être compromise officiellement par la malfaçon, par la médiocrité de produits qui se réclamaient de cette marque.

Mais je crains que, dans l'organisation de la délimitation, on ne soit allé ou trop loin ou pas assez loin. Il faut ou que vous vous en teniez aux marques individuelles, ou que vous puissiez vous assurer, par une vérification d'ensemble, que la marque collective ne sera pas discréditée sur le marché du monde. (*Applaudissements sur les mêmes bancs.*)

M. Guillaume CHASTENET. — Quand on crée un droit, on en organise le contrôle.

JAURÈS. — Et puis, je crains que vous n'ayez offert à la fraude des moyens nouveaux.

Je constate, par exemple, que les marchands qui expédient des fûts de vin des régions délimitées à l'étranger, qui ont à l'étranger des dépôts, des succursales, pourront se faire délivrer des vignettes à concurrence de la quantité de bouteilles de vin contenues dans les fûts; mais ils expédient le vin en fûts, et ce n'est que de l'autre côté de l'Atlantique que le dépositaire est censé mettre le vin en bouteilles et appliquer les vignettes. Mais si le dépositaire qui, sur d'autres rivages, échappera à votre contrôle, vend son vin en fûts ou n'applique pas les vignettes, un excédent de vignettes disponibles restera en France à l'expéditeur. De là de singulières fraudes.

M. d'ÉLISSAGARAY. — La fraude sera tout au moins limitée.

JAURÈS. — Vous dites, mon cher collègue, que la fraude sera limitée. Non, la concurrence déloyale faite à vos vins sera aggravée, car on pourra alors, sur des vins qui ne sont pas originaires de la région, apposer les vignettes de la région. (*Applaudissements à l'extrême gauche et à gauche.*) Et ce sera la concurrence frauduleuse, non plus sous la seule garantie de l'expéditeur, mais sous la garantie de l'État lui-même dont la vignette collective aura été apposée.

M. JOURDE. — Vous avez tout à fait raison.

JAURÈS. — Je signale ce fait aux viticulteurs pour leur conseiller de ne pas s'engager à fond et témérairement dans cette voie. Il se peut que pour quelques régions, il se peut en particulier que pour la Champagne...

M. PERROCHÉ. — Pas même.

JAURÈS. — Je ne sais pas. Nous examinerons cela.

Il se peut que, pour certaines régions, dont la clientèle est parfaitement déterminée, dont la production et dont le commerce peuvent être facilement contrôlés, il se peut que la vignette permette au vigneron d'échapper à des concurrences déloyales. Mais d'une façon générale, je ne voudrais pas que la viticulture mît trop d'espoir en ces procédés de salut. Et je voudrais lui dire qu'il lui arrive la triste mésaventure de ceux qui ont longtemps souffert : ils sont en quête de tous les remèdes qui passent (*Très bien ! très bien !*), et malheureusement il y a devant vous un pharmacien ingénieux qui a su appliquer sur la fiole demandée par le malade impatient et énervé une vignette qui a tous les mérites, excepté le mérite de la gratuité. (*Rires et applaudissements.*)

Je ne voudrais pas que les viticulteurs soient dupes; et ce qui m'inquiète pour eux, je dirai sans rien dramatiser, ce qui m'inquiète pour mon pays, c'est qu'ils aient, avec cette facilité, avec cette naïveté, accepté le rétablissement au moins partiel du droit de circulation sur les vins.

M. Guillaume CHASTENET. — Ils ne l'ont pas accepté !

JAURÈS. — Ils ne l'ont pas accepté, dites-vous ?. Mais c'est en leur nom qu'on nous le propose.

M. CHASTENET. — Ils protestent.

JAURÈS. — Ils ne protestent pas assez.

M. CHASTENET. — Et ils protesteront encore.

JAURÈS. — Il y a des régions entières où, à un moment, les viticulteurs ont paru donner leur adhésion aux propositions gouvernementales.

Je les supplie de ne pas s'abandonner à ce désordre d'esprit.

Je me souviens qu'il y a vingt-cinq ans, un quart de siècle, quand je suis arrivé pour la première fois dans cette Assemblée, la question maîtresse qui était à l'ordre du jour, celle sur laquelle se faisaient — surtout alors, sur l'inspira-

tion d'un homme qui était là (*à l'extrême gauche*) — se dé-
faisaient les ministères, la grande question, c'était la sup-
pression des impôts de consommation sur les vins. Après
des années de lutte nous avons considéré comme une grande
victoire de les supprimer; maintenant il paraît que c'est
dans l'intérêt de la viticulture qu'on va les rétablir.

Nous ne pouvons pas nous prêter à ce jeu et nous ne
voulons pas accepter les impôts nouveaux qui nous sont
proposés. Non seulement ils ont en eux-mêmes les défauts
que je viens de dire, mais ils ont le grand vice de tous les
expédients d'écarter, d'ajourner les solutions de principe.
Déjà, à mesure que vos impôts nouveaux s'avancent au
premier plan, l'impôt sur le revenu recule et s'efface. (*Très
bien ! très bien ! à l'extrême gauche.*)

M. LE MINISTRE DES FINANCES. — Non !

L'impôt sur le revenu
et la responsabilité des partis.

JAURÈS. — Je sais très bien que l'impôt sur le revenu,
sous sa forme première, n'est pas destiné à procurer un
surcroît de ressources; mais je sais aussi que c'est un impôt qui, par sa nature même, suivant la croissance de la
matière imposable, se développera et qu'à certaines heures
critiques vous pourrez, comme l'Angleterre, lui demander
un surcroît de ressources.

Je ne me désintéresse pas du tout, pas plus que mes amis,
quoi qu'on en ait pu dire, de l'équilibre du budget; et nous
ne jouerons pas ce jeu de voter des réformes sociales et de
nous refuser au vote des recettes correspondantes. Mais
nous avons le droit d'exiger que ces recettes soient perçues
en conformité avec les programmes, les exigences, les doc-
trines de la démocratie. (*Applaudissements à l'extrême
gauche.*)

Pour ma part, tant que vous n'aurez pas inscrit dans vos
recettes l'impôt général et progressif sur le revenu, je con-
considérera comme une tentative involontaire de diversion
toute proposition d'impôt nouveau.

Songez à quelle situation va être acculée par cette politique d'expédients la majorité républicaine, laissez-moi dire
d'un mot plus vaste le parti républicain. Vous allez revenir
dans quelques mois devant le pays, vous apporterez, si vous

les apportez, des impôts nouveaux, vous n'apporterez pas l'impôt sur le revenu. Les paysans vous diront : Il y a des impôts dont vous ne nous aviez jamais parlé; vous ne nous aviez pas dit que vous mettriez une surtaxe sur l'alcool; vous ne nous aviez pas dit que vous rétabliriez le droit de circulation sur les vins. Tous les impôts dont vous ne nous avez pas parlé, vous les avez votés; il y a en a un dont vous nous parlez depuis dix ans, et vous ne nous l'apportez pas. (*Vifs applaudissements à l'extrême gauche et sur divers bancs à droite. — Interruptions à gauche.*) C'est une impossibilité politique.

M. MALVY. — Adressez-vous au Sénat. Nous, nous avons fait notre devoir.

BEDOUCE. — Comment ! mais vous avez conquis le Sénat.

M. MALVY. — Nous discuterons dès le mois de janvier, si vous le voulez, le projet sur les centimes communaux et départementaux.

JAURÈS. — Vous me dites, monsieur Malvy, que la Chambre a fait son devoir et que c'est la faute du Sénat. Je ne veux pas réveiller une controverse qui s'est établie l'autre jour entre nous au sujet de la réforme électorale...

M. Charles BENOIST. — Très bien !

JAURÈS. — ...mais je n'accepte pas et le pays ne peut pas accepter que vous coupiez ainsi en deux la responsabilité des partis. (*Applaudissements à l'extrême gauche et sur divers bancs au centre et à droite.*)

M. MAGNAUDIÉ. — Voulez-vous me permettre...

JAURÈS. — Je vous en prie, laissez-moi poursuivre.

M. MALVY. — Je demande la parole.

M. MAGNAUDIÉ. — Je la demande également.

JAURÈS. — Je disais — et ce n'est pas moi en vérité qui ai soulevé cette controverse — qu'il y a un parti en majorité. Je ne connais pas la responsabilité d'une Chambre, la responsabilité d'un Sénat; il y a devant le pays la responsabilité des partis. Je dis qu'un des moyens, le plus décisif, d'obliger l'autre Assemblée à accepter les grandes réformes fiscales, c'est précisément de ne pas accepter, pour l'établissement de l'équilibre, les impôts d'expédient, qui dispensent des grandes réformes. (*Vifs applaudissements.*)

Contraste.

Ah ! messieurs, en vérité, laissez-moi vous dire que le contraste est douloureux, de l'inertie, de la politique imprévoyante et inefficace où nous nous traînons avec l'activité politique qui est développé en ce moment de l'autre côté de la Manche. Oui, il y a, de l'autre côté de la Manche, un grand parti qui n'est pas le mien, qui a le courage de prendre devant la nation des responsabilités décisives. On a dit, pour compromettre ce budget anglais, que c'était un budget socialiste. C'est un enfantillage. Il n'y a de socialisme que là où il y a volonté délibérée, méthodique, de transférer à la collectivité la propriété du capital de production. (*Applaudissements à l'extrême gauche.*) Ce n'est pas l'objet du budget anglais. Mais c'est un budget composite, qui traduit à la fois la vieille préoccupation des individualistes anglais, de lutter contre le monopole foncier de l'aristocratie, et qui traduit en même temps le besoin de la classe ouvrière anglaise, de faire face à la loi des retraites, de faire face à la loi annoncée sur le chômage, sans subir des droits de douane. Dans ce mouvement qui est très vaste, la démocratie anglaise a fait preuve d'une singulière hardiesse et d'une admirable décision.

Ce n'est pas seulement le budget, ce n'est pas seulement un large accroissement des droits successoraux, ce n'est pas seulement 100 millions de plus demandés à l'*income tax*, ce n'est pas seulement la *super tax* sur tous les revenus supérieurs à 75,000 francs, dont M. Jules Roche nous disait un jour qu'elle ne serait jamais votée en Angleterre.

M. Jules Roche. — Attendez !

Jaurès. — ...ce n'est pas seulement cela qui est en passe de devenir loi, ce n'est pas une première application de cette doctrine hardie, mais traditionnelle, de la plus-value qui est introduite dans le budget anglais et qui y pourra recevoir d'amples développements, c'est tout un ensemble de lois sociales votées, appliquées en moins de quinze mois, un sacrifice immédiat de plus de 200 millions pour les retraites ouvrières, le vote d'une loi établissant le minimum légal de salaire dans les industries à domicile, c'est une immense besogne d'expropriation des landlords irlandais à laquelle 4 milliards sont affectés, sur lesquels 1,600 millions ont été dépensés déjà pour le transfert de la terre aux propriétaires paysans d'Irlande; c'est tout un ensemble de mesures, c'est l'assurance contre le chômage étudiée, annoncée formellement pour la session prochaine; c'est toute une grande bataille de protection sociale, de justice et de hardiesse fiscale.

C'est une bataille menée au nom de certains principes et dans laquelle les gouvernants anglais donnent aux gouvernants de la démocratie républicaine des exemples qui malheureusement ne sont pas suivis. Que voyons-nous dans notre pays de France, dans ce pays où il n'y a que le suffrage universel souverain et sa forme logique, la République, et où il semblerait que les gouvernements doivent être sans cesse en contact avec le peuple lui-même, avec la force populaire en mouvement ? Que voyons-nous ?

De loin et loin les ministres entrent en rapport avec le suffrage universel. Pendant trois ans le ministère précédent a de loin en loin harangué le peuple, non pas pour l'amener aux réformes, mais pour dénoncer un certain parti qui siège de ce côté (*l'extrême gauche*) (*Applaudissements à l'extrême gauche*) ou bien, par intervalles de six mois en six mois, dans des cérémonies pompeuses, le président du Conseil prononce un grand discours dont il passe les six mois qui suivent à s'excuser devant Dieu et devant les hommes. (*Applaudissements et rires à l'extrême gauche.*)

M. Aristide Briand, *président du Conseil, ministre de l'Intérieur et des Cultes.* — Monsieur Jaurès, est-ce du président du Conseil qui est sur ces bancs que vous voulez parler ?

Jaurès. — Monsieur le président du Conseil, je vous répondrai comme Pascal : Vous ne m'interrogeriez pas si vous ne m'aviez déjà compris. (*Rires sur les mêmes bancs.*)

M. le Président du Conseil. — Je sais que vous avez l'esprit très documentaire et très scrupuleux. Je vous prie donc d'indiquer quels sont les points de son discours sur lesquels le président du Conseil, depuis qu'il l'a prononcé, a passé son temps — moins de six mois assurément puisqu'il n'est au pouvoir que depuis trois mois — à s'excuser devant Dieu et devant les hommes.

Jaurès. — Je n'ai pas assisté à la première catégorie d'excuses; mais je vais essayer de vous répondre.

M. LE PRÉSIDENT DU CONSEIL. — Je vous en saurai gré.

JAURÈS. — De rétractation précise, il y a une bonne raison pour que je ne puisse pas vous en indiquer, parce que, dans le discours même, il n'y avait pas d'affirmation précise. Il y avait des tendances, une tonalité un peu grise d'apaisement universel. Un certain nombre de nos collègues de la majorité, plus résignés qu'enthousiastes, se sont inquiétés de cette tonalité générale d'apaisement. Ils ont fait une démarche auprès de vous, ils ont envoyé une délégation qui est revenue tout à fait rassurée en disant : « Ce n'était pas ce que nous avions pensé ».

Je ne crois pas que vous ayez retouché à dessein le portrait...

M. LE PRÉSIDENT DU CONSEIL. — Pas un mot !

JAURÈS. — ...mais je crois que vous avez modifié la distribution de la lumière et de l'ombre.

M. LE PRÉSIDENT DU CONSEIL. — Moi, monsieur Jaurès, c'est peut-être une coquetterie exagérée de ma part...

JAURÈS. — Une coquetterie de peintre !

M. LE PRÉSIDENT DU CONSEIL. — Des discours, on peut en prononcer qui ne sont pas toujours concordants et je n'aurais pas la prétention de dire que tous les miens le soient absolument. Je crois que c'est une prétention que vous n'auriez pas non plus. (Sourires.) Mais quand j'ai parlé devant le pays comme président du Conseil, j'ai mesuré exactement la portée de mes paroles et, depuis, quand des amis de la Chambre sont venus dans mon cabinet pour me faire part de leurs impressions, et s'entretenir avec moi de mon discours, je puis vous donner l'assurance que je n'en ai rien retranché, que je n'y ai rien ajouté non plus. Je n'ai pas cherché, dans le mesquin désir de rester au pouvoir, à modifier ou à atténuer mes paroles. Seulement, quand on leur donne un autre sens que celui qu'elles ont effectivement, j'ai le droit de rectifier. Si, en rectifiant, je me mettais en contradiction avec moi, il y aurait une chose très simple, monsieur Jaurès, ce serait de monter à la tribune...

JAURÈS. — Oh !...

M. LE PRÉSIDENT DU CONSEIL. — Comment ! mais ce serait un devoir.

Si le président du Conseil s'efforce de rétracter des propos qu'il a tenus devant le pays, c'est le devoir des membres du Parlement, pour éviter toute équivoque, de lui demander compte de ses contradictions.

Et puisque je fais allusion à la visite que je reçus, je puis, devant ceux de mes amis politiques qui étaient dans mon cabinet et qui se trouvent ici, vous affirmer que ma réponse fut celle-ci : « Si mon discours vous paraît de nature à soulever des objections au point de vue de la politique républicaine, votre devoir est de réclamer de moi des explications nettes à la tribune. Je suis à votre disposition. »

Puis nous avons causé de mon discours avec son texte sous les yeux et mes amis sont sortis de mon cabinet satisfaits, parce qu'il ne s'y trouve rien qui soit susceptible de les mécontenter. (*Applaudissements à gauche.*)

JAURÈS. — Cela prouve, messieurs, précisément ce que je disais : l'utilité des explications multipliées. Sur un discours, on avait pu se méprendre ; après une conversation nouvelle, l'équivoque a été dissipée. Ce n'est plus à moi à interroger M. le président du Conseil, ce n'est même plus avec M. le président du Conseil que pourraient avoir une querelle ceux de nos collègues qui se sont trouvés devant le même portrait : il n'y a pas eu de retouche ; mêmes traits, même tonalité, même couleur, même lumière. Au premier regard, ils avaient dit : c'est inquiétant. M. le président du Conseil leur a montré à nouveau son tableau, et ils ont dit : c'est délicieux. (*Rires et applaudissements à l'extrême gauche.*) Moi, je n'ai pas à intervenir !

Messieurs, j'ai eu assez souvent, autrefois, dans nos congrès, l'occasion d'admirer la souplesse et les ressources de M. le président du Conseil...

M. LE PRÉSIDENT DU CONSEIL. — Elles ne vous ont pas toujours été nuisibles, monsieur Jaurès.

JAURÈS. — Non, à coup sûr ; à charge de revanche. (*On rit.*)

Une voix au centre. — Parlez en face !

JAURÈS. — Excusez-moi. Je parlais d'affaires de famille. (*On rit.*)

Je disais que j'ai eu assez souvent, dans nos congrès, l'occasion d'admirer la souplesse et les ressources de M. le président du Conseil pour ne pas me souvenir que le plus exquis de son art était parfois de grossir des incidents passagers jusqu'à recouvrir le fond du problème, mais je ne veux pas que la Chambre oublie un instant le fond même de la question que j'ai apportée devant elle. Je regrettais que les habitudes vraiment démocratiques et populaires des gouvernements anglais ne soient pas les nôtres, je disais que chez nous, par intervalles, de loin en loin, dans des cérémonies passagères, les ministres laissaient entendre de haut quelques paroles qui, parfois, étaient énigmatiques, et, qu'au contraire, tous les gouvernants anglais, quand un programme de réformes était assumé par eux, donnaient tous et tout entiers dans la bataille, menant l'œuvre de propagande, arborant leur programme, portant le drapeau de leur parti, et je veux dire que la démocratie républicaine n'aboutira à réaliser les grands progrès fiscaux et sociaux que lorsqu'elle suscitera de ses rangs, de vos rangs, à vous majorité, des hommes qui auront le courage d'avoir un programme net et de le porter nettement et courageusement à travers le pays. Je dis que vous le pourriez et qu'il est possible, en France, aujourd'hui, de faire prévaloir par-dessus la politique précaire des impôts d'expédients dont je parlais, une large politique sociale et fiscale. Je dis que cela sera possible. Il y a dans notre pays au moins la même vitalité économique et la même vitalité politique qu'en Angleterre.

Je crois qu'il est injuste et faux de laisser tomber sur ce pays des paroles de pessimisme. Oui, lorsque vous comparez des tableaux, lorsque vous opposez certains chiffres, il vous paraît que la croissance du commerce extérieur, dans certains pays, a marché plus vite que dans le vôtre. Vous oubliez l'admirable progression intérieure de cette production agricole qui est la grande richesse et la grande force de ce pays. (*Très bien !*)

Et puis, ne vous laissez pas prendre à certaines apparences. J'ai entendu dire que la vitalité française était arrêtée parce qu'on constatait dans les tableaux des successions que le montant de l'annuité successorale, depuis sept ou huit ans, n'avait pas grandi.

A gauche. — Il a grandi.

JAURÈS. — Non ! il s'est à peine développé. Et moi, je disais : il est extraordinaire, malgré tout, qu'il n'y ait pas progression dans la richesse de ce pays, alors qu'il a non seulement développé sa production agricole, mais commence à stimuler, dans bien des régions, dans l'Est, dans une partie de l'Ouest, sa production industrielle.

Savez-vous, messieurs, ce qu'à ma grande surprise et à ma grande joie j'ai constaté ? J'ai relevé le tableau comparatif des impôts successoraux anglais et des impôts sur le revenu anglais depuis huit ans et j'ai constaté que les impôts anglais sur les successions ou ne s'étaient pas développés ou même, d'une façon à peine sensible, depuis huit ans, avaient fléchi, et qu'au contraire, l'impôt sur le revenu atteste une croissance constante du revenu anglais.

Qu'est-ce à dire ? Qu'il y a des causes particulières, probablement le développement énorme des valeurs mobilières placées par tous les pays à l'étranger et les évasions sans précédent qui ont été pratiquées par les déclarations successorales. Il y a des causes particulières qui attestent un apparent arrêt. Moi, je crois qu'il y a progrès de vitalité, de production en France, et je crois qu'il ne manque qu'une chose à la France pour que sa production soit pleinement développée, c'est que l'Etat républicain prenne pleine conscience et de son droit et de son devoir. Son droit et son devoir, c'est tout à la fois de stimuler la production nationale et de faire dériver vers la masse du peuple, pour accroître sa force de consommation, en même temps que sa force de production, une part croissante des produits de l'activité humaine. (*Applaudissements à l'extrême gauche.*)

Il faut organiser l'État.

C'est là la seule chose dont nous souffrons : c'est que chez nous, quoiqu'on dise, quoiqu'on accuse l'Etat de déborder et d'empiéter, ce qui nous manque, c'est que l'Etat ait à cette heure une conscience suffisante, et de son droit et de son devoir.

Entendez-moi bien ; je ne prétends pas que les services actuels de l'Etat soient des services modèles ; mais pourquoi ? Est-ce parce que l'Etat, sous le contrôle de la nation, est radicalement incapable d'organiser et d'administrer la nation ? C'est parce que l'Etat, dans ses services industriels, est constamment dénoncé, combattu et non pas aidé. (*Ap-

plaudissements à l'extrême gauche.) On ne s'applique pas à l'organiser, on s'applique à le décourager et à le refouler.

Je ne veux pas ici instituer avec M. Jules Roche un débat purement théorique sur les rapports de l'Etat et de l'individu...

M. Jules ROCHE. — Il n'est pas théorique.

JAURÈS. — C'est, à mon sens, dans les termes où vous le posez, un débat abstrait.

M. Jules ROCHE. — Quand vous voudrez le concréter ?

JAURÈS. — Je suis ici pour cela et vous aussi.

Je dis que l'antithèse de l'individu et de l'Etat, en ces termes généraux, est une antithèse abstraite. Il n'y a pas d'Etat fort, d'Etat puissant, s'il n'y a pas des individus, des citoyens énergiques, actifs, entreprenants et libres ; et, d'autre part, ces individus ne sont pas pleinement libres, si l'Etat n'est pas assez puissant pour fournir aux individus le point d'appui matériel de leur propre développement. La liberté pure et simple n'est qu'une abstraction pour l'individu tombé au-dessous d'un certain niveau de vie ; au-dessous d'un certain minimum d'existence, pour l'individu dévoré d'ignorance, de misère, d'imprévoyance et de maladie, la liberté n'est que le faux nom de la pire oppression. (*Applaudissements à l'extrême gauche.*)

S'il est étrange qu'on vienne ici déprimer, outrager, pour ainsi dire, et abaisser l'Etat au moment même où l'on essaye devant les citoyens d'exalter par dessus tout la patrie, où on demande à tous les citoyens de sacrifier leur vie même ou leurs intérêts à la patrie non pas seulement pour garantir la sécurité commune, mais pour protéger parfois au loin, sous le pavillon national, l'âpreté des intérêts qui ne veulent pas alors se réclamer de la pure liberté individuelle. (*Nouveaux applaudissements à l'extrême gauche.*)

Moi, je dis que le grand malheur de notre histoire, au contraire, ça été le discrédit jeté sur l'Etat, le discrédit jeté sur les commencements industriels de la nation.

Ah ! M. Leroy-Beaulieu triomphait l'autre jour à cette tribune du devis malencontreux d'un architecte qui, paraît-il, nous coûte des millions, et c'est par cette erreur d'un architecte qu'il entendait mesurer les facultés d'une nation.

M. Pierre LEROY-BEAULIEU. — Ce n'était pas une erreur unique.

JAURÈS. — S'il apportait ici, en face des gaspillages de l'État, que je ne nie point, les gaspillages du capitalisme privé, je ne sais pas de quel côté pencherait la balance. (*Applaudissements à l'extrême gauche et sur divers bancs à gauche.*)

Encore une fois je ne veux point par là excuser les fautes de l'État, ni prolonger un mauvais régime ; il faudra introduire des conditions nouvelles de contrôle, appeler le Parlement et les citoyens, et les consommateurs, et les agents des services publics, à intervenir comme puissance de contrôle de façon que l'État devienne enfin la nation organisée. (*Nouveaux applaudissements.*) Mais en vérité nous ne pouvons pas souffrir qu'au nom de l'ordre prétendu du capitalisme contemporain, on dresse contre l'action collective de l'État un pareil réquisitoire.

L'initiative privée capitaliste et le pillage financier.

En 1881 ou 1882, on disait : les caisses d'épargne de l'État vont engloutir l'épargne populaire. L'épargne populaire a déserté les caisses publiques et l'Union générale, avec la lutte qui est survenue entre les banques catholiques et les banques juives, a dévoré les milliards auxquels on avait dénoncé les caisses d'épargne. (*Nouveaux applaudissements.*)

Puis, quelques années après, ce fut la mode, pour livrer les chemins de fer aux Compagnies, de dénoncer l'incapacité administrative de l'État, les témérités du plan Freycinet, l'énormité des emprunts publics et, par là, on a entraîné le Parlement à voter des conventions qui aliénaient la puissance publique, et, par là, on a rendu disponibles toutes les sommes autour desquelles l'entreprise du Panama a battu le rappel et c'est au nom de la sécurité de l'épargne que, quelques années après, des milliards encore étaient engloutis dans l'entreprise du Panama, une entreprise privée, une initiative privée.

Ah ! vous parlez du nouveau chemin de fer de l'État ? Vous oubliez étrangement ses origines. Mais comment est-il né ? Est-ce que c'est le désir abstrait, est-ce que c'est le fanatisme des entreprises d'Etat qui a décidé le Parlément à l'instituer ?

Il y avait eu un financier — oh ! oui, plein d'initiative, ayant tous les ressorts de l'individualité la plus énergique et la plus souple — c'était le financier Philippart. Il avait entrepris les chemins de fer des Charentes : ruine, gaspillage, faillite. Les actionnaires sont ruinés, les obligataires vont être dépouillés. Alors, de la poitrine indomptée de tous les individus épris d'initiative, un grand cri d'appel est monté vers l'Etat : « Dieu-Etat, sauvez-nous, rachetez-nous ! » Et c'est pour sauver les individus excellents qui s'étaient dévoués aux entreprises avantageuses que l'État a constitué son premier réseau public. Et savez-vous ce qui se passerait aujourd'hui ? C'est que si Philippart avait survécu, s'il était ici, il y représenterait encore les initiatives privées et il demanderait des comptes aux chemins de fer de l'Etat. (*Vifs applaudissements à l'extrême gauche, à gauche et au centre.*)

Eh bien, monsieur Jules Roche, nous discuterons en théoriciens les rapports théoriques de l'individu et de l'Etat quand vous aurez décidé, dans ce pays, dans la classe individualiste elle-même, un nombre suffisant d'individus à ignorer, en effet, toujours et systématiquement l'Etat. Alors nous pourrons discuter. Mais ce qui est inadmissible, c'est que les mêmes hommes, les mêmes individus, les mêmes classes qui tendent toujours la main pour recevoir les droits de douane, pour recevoir des primes, pour recevoir des subventions, pour recevoir des concessions, quand ils ont tout obtenu de l'Etat, le lendemain se tournent contre lui au nom de l'initiative privée. (*Nouveaux applaudissements sur les mêmes bancs*), pareils à ces mendiants qui, quand ils ont reçu l'aumône, s'en vont en grommelant et en insultant le bourgeois. (*Nouveaux applaudissements.*)

Messieurs, je dis que si vous pâtissez, si nous pâtissons de quelque chose, c'est de cette abdication perpétuelle de la nation. C'est parce qu'elle a abdiqué, qu'elle a remis à quelques privilégiés ce trésor des mines qui, — aujourd'hui, dans vos mains qui ne sont pas plus incapables que les mains de l'Etat prussien, — vous donnerait plus de 100 millions de revenus: c'est parce que l'Etat a été discrédité, que vous avez abandonné à ces Compagnies le trésor de vos Compagnies de transport et que vous êtes réduits à les racheter à haut prix, à mesure qu'elles approchent de la faillite, prenant pour vous ce qui est mauvais, laissant aux autres ce qui est excellent. (*Nouveaux applaudissements.*)

Et maintenant, parce que le Gouvernement, au lieu d'examiner ces problèmes et de mettre la majorité en face d'eux, se contente du médiocre artifice de quelques impôts d'occasion, la même faute va être commise. Dans quelques mois, avec la vague addition d'une clause dérisoire annonçant au profit des ouvriers quelques bénéfices indéterminés, toute la richesse minière du Sud-Est et de l'Est va être livrée encore à des Compagnies privilégiées. Et depuis des années vous livrez, vous laissez au gaspillage le trésor de l'avenir, le trésor industriel de la France de demain, ces admirables forces hydrauliques. (*Applaudissements à l'extrême gauche et à gauche*) qui, transformées en électricité, vont porter au loin non seulement la lumière, mais l'énergie et le mouvement.

M. PLISSONNIER. — Et n'oubliez pas les barreurs, qui achètent les rives des chutes d'eau acquises par ces Compagnies, et qui, par leurs exigences, quadruplent les prix des mises en exploitation des usines installées par ces derniers. (*Très bien ! très bien !*)

JAURÈS. — Un projet a été voté ici, établissant des usines concédées, projet incomplet, puisqu'il ne dit pas d'avance que dans les cahiers des charges il y aura une large participation de l'État au capital, aux revenus, aux plus-values sur la garantie, mais projet qui est allé, avec bien d'autres, échouer au Sénat, projet dont le vote est systématiquement ajourné par le calcul des intérêts, parce qu'en attendant, par de simples autorisations administratives, autorisations des communes, des départements, de l'État, autorisations données sans plan d'ensemble, sans vues d'avenir, sans souci de l'intérêt collectif, toutes ces richesses sont livrées une à une.

Moi, je vous dis qu'il faut les garder et je vous dis qu'il faut aller réveiller ces questions au Sénat. (*Très bien ! très bien !*) Il est impossible que nous soyons dans une pire condition que la démocratie d'Angleterre. Je suis tenté de dire que j'envie les Anglais de la résistance de la Chambre des lords. Savez-vous pourquoi ? C'est parce qu'au moins, c'est une résistance ouverte...

M. Charles BENOIST. — Très bien !

JAURÈS. — ...c'est une résistance déclarée.

Il y a en Angleterre une tradition admirable qui assure la véritable suprématie des Communes, des Assemblées populaires et, en tout cas, de la nation; cette tradition, c'est que la Chambre des lords — je ne parle pas des questions de finances, je parle des autres — si elle a le droit de rejeter ou d'amender, n'a pas le droit d'ajourner et d'enterrer par le silence. (*Vifs applaudissements sur un grand nombre de bancs.*)

En Angleterre, c'est une inconvenance constitutionnelle, c'est un scandale public lorsque la Chambre des lords se permet de garder, sans le discuter, plus de quinze jours ou trois semaines un projet qui lui est envoyé par la Chambre des communes. (*Nouveaux applaudissements sur les mêmes bancs.*)

La Chambre des lords se décide; elle dit oui, elle dit non ou elle corrige; mais elle ne fait pas glisser lentement et s'effondrer dans l'ombre de l'oubli des projets de loi et les décisions de l'Assemblée populaire. C'est contre cela surtout que nous avons à lutter.

Quand le peuple est averti, il s'organise et il proteste. Mais il est pris par sa besogne de tous les jours. Vous discutez ici un projet qui l'intéresse; il suit, il écoute, il se passionne; si, le lendemain ou dans quinze jours, l'autre Chambre le repoussait sans lui donner des raisons décisives, son opposition s'élèverait. Mais on nomme une Commission, et cette Commission se réunit par intervalles ! et l'affaire traîne, et dure, et se prolonge, et s'éteint dans une pénombre de plus en plus mystérieuse ! Et pendant ce temps, le peuple est repris par sa besogne, il est repris par son fardeau, et au bout de trois ans, de quatre ans, il dit : Mais qu'est donc devenu ce beau projet ? Ai-je rêvé ou le Parlement se moque-t-il de moi ? (*Vifs applaudissements.*)

M. le marquis de ROSAMBO. — C'est la Constitution !

Politique d'avenir et programme d'action.

JAURÈS. — Eh bien ! je dis qu'il faut en finir avec ces choses et il est un moyen d'en finir, c'est de poser clairement les questions devant le pays. Le budget qui vous est soumis ne pose pas les questions. Il les élude et les voile. (*Très bien ! très bien !*)

Eh bien ! nous, nous dirons : Oui, pour les réformes sociales, nous sommes prêts à voter les sommes nécessaires, mais nous ne voulons pas de cet artifice d'impôts sans avenir, qui ne font que grever la consommation, gêner encore la vie des masses et qui ne sont là que pour ajourner l'examen nécessaire des grandes réformes fiscales et sociales.

Ah ! messieurs, c'est la politique d'avenir qu'il vous faut affirmer. Je ne me fais pas d'illusion sur l'intérêt, sur l'efficacité de la discussion d'aujourd'hui. Des motions sont annoncées repoussant en bloc les impôts proposés. Pour moi, je le dis franchement, à la bataille qui s'engagera auto*** de ces motions, je n'attache pas une grande importan** t voici pourquoi : c'est que la question sera mal posée, c'est que, d'une part, pour ne pas être désagréable à M. le président du Conseil, un grand nombre de ceux-là mêmes qui repousseront un à un les impôts proposés se refuseront à prononcer l'exécution sommaire. (*Applaudissements sur divers bancs.*), et, que d'autre part, le Gouvernement, qui bataillera ferme en engageant sa responsabilité pour repousser une motion qui écarterait en bloc tous les impôts proposés par lui, se réserve de compenser cette véhémence de courage sur l'ensemble par une prudence équivalente sur le détail. (*Rires et applaudissements.*)

Et alors vous verrez qu'en fin de compte tout le monde sera d'accord pour ne pas voter les impôts nouveaux.

Ah ! messieurs, ces impôts, ils me font l'effet de meubles qui ne seraient pas encore à leur place et que le tapissier se réserverait de reprendre s'ils ne plaisaient pas au client. (*Nouveaux rires et applaudissements.*)

Voilà pourquoi je ne prends pas au tragique les batailles immédiates; mais je dis que le Parlement aboutirait à la plus lamentable capitulation et au plus lamentable aveu d'impuissance si, après avoir rejeté la politique empirique d'aujourd'hui, il était incapable de formuler, pour l'avenir et pour un avenir prochain, une politique claire et définie de grandes réformes fiscales au service de grandes réformes sociales, impôt général et progressif sur le revenu...

M. René RENOULT, *sous-secrétaire d'État des Finances.* — Il n'est pas abandonné.

JAURÈS. —...impôt progressif sur les successions, monopole de l'alcool, monopole des assurances, reprise du grand domaine minier (*Applaudissements à l'extrême gauche*), organisation nationale du grand domaine des forces hydro-électriques, contrôle des services industriels de l'Etat par la démocratie organisée, et, avec cette grande puissance, préparation des lois sociales d'assurances contre l'invalidité, contre le chômage, contre la maladie, contre les logements insalubres, la hardiesse des réformes servie par la hardiesse des réformes fiscales. (*Applaudissements à l'extrême gauche.*)

Cela, il faut le dire et le dire nettement. Il faut que le Gouvernement renonce au système d'indécision qui a été jusqu'ici toute sa politique.

Il paraît — M. le président du Conseil nous l'a dit tout à l'heure — que son discours de Périgueux avait un sens très clair; c'est une clarté à laquelle il a fallu ajouter incessamment des lumières (*Rires*), mais je dis qu'il est temps de renoncer à cette politique incertaine, à cette politique indécise qui déjà, dans la réforme électorale, vous a mis entre tous les partis, entre toutes les forces.

Demain, prenez garde ! vous avez dressé devant le pays ce spectre de 200 millions d'impôts nouveaux; la majorité républicaine, votre majorité, va être obligée ou de les voter, ou de déclarer ou de laisser comprendre par le pays que c'est l'approche d'une certaine épreuve qui l'empêche de vous suivre. Le Gouvernement a mis ainsi sa majorité, la majorité, dans une situation morale difficile.

Je vous dis qu'il ne peut racheter cette faute qu'en dressant, d'accord avec vous, le vaste programme dont je parlais tout à l'heure. Alors ce ne sera pas par une ruse de prudence électorale, ce ne sera pas par une sorte d'impuissance constitutionnelle, ce sera par un calcul hardi de réformes que vous aurez ajourné les propositions du ministère que pour établir avec un équilibre plus large une politique plus réformatrice. (*Vifs applaudissements à l'extrême gauche et sur divers bancs.*)

L'ÉMANCIPATRICE, 3, RUE DE PONDICHÉRY, PARIS (XVᵉ). — 8630-4-10.

Contraste insuffisant

NF Z 4 -120-14

www.ingramcontent.com/pod-product-compliance
Lightning Source LLC
Chambersburg PA
CBHW071252210626
46818CB00013B/1399